AF337516

COUP D'ŒIL

SUR LA

SITUATION ACTUELLE

DE L'EUROPE

POURQUOI LA GUERRE?

Paris. — Typ. Alcan-Lévy, boul. de Clichy, 62

COUP D'ŒIL

SUR LA

SITUATION ACTUELLE

DE L'EUROPE

POURQUOI LA GUERRE?

PAR

M. ALEX. DURANT

※

PARIS

A LA LIBRAIRIE DE E. DENTU

Galerie d'Orléans, Palais-Royal

1867

COUP D'ŒIL

SITUATION ACTUELLE DE L'EUROPE

POURQUOI LA GUERRE?

———

I

L'Europe est en armes. Toutes les puissances consacrent leurs forces à la réorganisation militaire. Petits et grands Etats essayent de nouveaux canons, de nouveaux fusils. La paix armée domine. Les budgets militaires s'accroissent d'année en année.

La guerre est prochaine : les peuples vont se livrer de sanglants combats ; les hommes vont courir après un peu de gloire.

C'est une nécessité sociale, et la mort doit prélever son impôt sur l'humanité ; le choléra et la misère ne vont pas assez vite en besogne, et une bonne campagne enlèvera le trop plein des populations.

Du nord au midi de l'Europe, les gouvernants portent un regard scrutateur vers l'avenir et se demandent avec effroi si la situation actuelle peut se prolonger. Les gouvernés, effrayés, se posent cette question :

Pourquoi la Guerre ?

II

La puissance qui peut à son gré précipiter les événements qui doivent se dérouler, c'est la Prusse.

L'unité allemande ne menace ni l'orgueil national, ni la position de la France en Europe.

Il y a un fait difficilement contestable, c'est la volonté ferme de la Prusse de ne souffrir aucune intervention dans les affaires allemandes.

Le cabinet de Berlin tient à garder sa haute position, il laisse l'agglomération s'opérer et ne veut pas qu'on y porte obstacle.

Vouloir empêcher l'unité allemande de s'accomplir, c'est folie ; M. de Bismark, habile politique, a su intéresser les populations à son œuvre. Malgré le peuple prussien, il a fait la guerre. Aujourd'hui, la fibre nationale germanique est surexcitée, et l'Allemagne du sud peu à peu deviendra prussienne.

La Bavière ne peut être un obstacle ; cette nation avait une mission à remplir, elle a été faible, hésitante, autant que la Prusse a été forte, hardie ; son rôle est fini.

La Prusse ne désire pas la guerre avec la France, et si M. de Bismark ne veut souffrir aucune ingérence dans la politique allemande, il n'a attaqué ni l'honneur, ni la dignité de notre pays.

Y a-t-il menace pour la France dans la constitution de l'unité germanique? Nous ne le croyons pas. Du jour où le peuple allemand trouvera le joug prussien trop lourd, il le brisera. Devons-nous venir imposer nos vues à une autre nation? De quel droit nous prévaudrions-nous?

Nous sommes du reste impuissants à empêcher l'unité allemande; en vain voudrions-nous nous immiscer dans l'assimilation qui s'opère. Le peuple allemand peut trouver qu'il lui manque certaines libertés; il n'est pas le seul!

Parlerons-nous de l'entrevue de Salzbourg, qui a donné lieu à la circulaire de M. Bismark? Dirons-nous que le rôle qu'on prétendait faire jouer à la France et à l'Autriche, dans cette circonstance, nous semble une utopie.

Quoi! au profit de l'Autriche, nous viendrions pousser les populations du sud de l'Allemagne vers une assimilation avec la cour de Vienne!

Une erreur aussi grave ne peut être commise par la politique française.

Si une intervention quelconque se produisait dans les pays encore en dehors de la domination prussienne, promptement nous verrions les populations de ces contrées se jeter dans les bras de la Prusse, seule puissance vraiment allemande.

Très certainement que l'œuvre de M. de Bismark est le résultat du mépris du droit, que la Prusse n'est devenue grande qu'en foulant les traités aux pieds, que la cour de Berlin n'a tenu aucun compte des aspirations de certaines parties qu'elle s'est annexées, que l'équilibre européen est rompu.

Tous ces faits ne sont pas contestables, mais de quel droit interviendrions-nous ?

Sommes-nous attaqués dans notre honneur ? sommes-nous à la veille d'un envahissement de territoire ?

Et quels résultats obtiendrions-nous d'une intervention ?

Aucun.

La politique de M. de Birmark n'atteint pas la France ; cette dernière ne peut trouver prétexte actuellement à un conflit.

Ni l'honneur, ni les intérêts de la France ne sont engagés au delà du Rhin, et nous n'avons ni le droit ni le devoir de lancer nos armées contre celles de la Prusse.

III

Il est un peuple qui doit tout à la France, c'est l'Italie.

Grâce à la protection de notre drapeau, de notre diplomatie, l'unité italienne s'est faite. Ce pays nous est-il reconnaissant de nos efforts ?

Non.

L'ingratitude serait-elle une vertu pour les gouvernements ? Il semble que tel est l'avis du cabinet de Florence.

Rome capitale, tel est le but poursuivi par l'Italie. On s'arrêtera quelquefois, afin de ne pas ouvertement rompre avec la France. On confisquera pendant quelques heures Garibaldi, si cela est nécessaire ; en un mot, rien ne coûtera pour chasser le Saint-Père de ses Etats.

Pourtant une entrave existe pour changer le rêve de l'Italie en fait accompli, c'est la convention du 15 septembre 1864.

Mais si le gouvernement italien s'est engagé à ne pas envahir le territoire pontifical, il n'a pas stipulé qu'il ne recevrait pas Rome des mains de la Révolution ; et lâchant la proie pour l'ombre, le cabinet de Florence oublie que la question romaine contient tout le problème religieux.

Malheureux peuple, que le peuple italien !

L'unité, pour lui, est un rêve qu'il poursuit sans cesse, sans pouvoir l'atteindre.

Il n'a pas d'unification politique, puisque la Sicile se tord dans les convulsions et qu'il doit y imposer son autorité par les armes.

Il ne jouit pas de la liberté, puisque les catholiques ne peuvent espérer que leurs droits seront respectés.

Il n'a pas de stabilité, puisque le parti révolutionnaire rêve une république dont les Mazzini et les Garibaldi seraient les chefs.

Il n'a pas de finances, puisque les biens du clergé doivent servir à payer les dettes contractées pour arriver à l'unité.

Enfin l'Italie n'a pas de politique, puisqu'elle va de la Prusse à la France, de la France à la Prusse.

La France devra-t-elle devenir le bourreau de son œuvre ?

Non.

Qu'elle laisse l'Italie se débattre dans les convulsions de l'agonie financière et politique.

Le Piémont doit payer ses fautes, son ambition ; la route était belle pour lui, peuples et souverains avaient arraché les épines de son chemin ; il n'a pas su en profiter, nous ne pouvons deux fois recommencer notre œuvre.

Et, du reste, il importe peu à la France que l'Italie descende de son rôle de grande puissance, et ce serait inutilement que nous voudrions aider à la ruine d'un pays qui doit fatalement, à un jour donné, reprendre la place qu'il occupait autrefois en Europe.

IV

Rome, la ville éternelle, ne peut être gouvernée que par le Saint-Père.

C'est la capitale du Catholicisme, et, en s'en emparant, l'Italie commettrait un acte que réprouveraient tous ceux qui professent la religion du Christ.

Rome appartient aux catholiques, c'est à eux de la défendre.

C'est aux fils de Pie IX de se ranger autour de lui, et de protéger par la force celui qui est leur père spirituel.

En 1849, la France a réintégré le souverain pontife dans ses Etats ; aujourd'hui que les catholiques, à leur tour, prennent en main sa protection, qu'ils défendent la capitale de leur foi, comme ils défendraient leur patrie.

Et aucun gouvernement n'osera alors proposer de dépouiller le chef du Catholicisme, et les derniers lambeaux des Etats pontificaux ne passeront pas sous la domination de l'Italie.

V

La question d'Orient, problème qui semble à beaucoup insoluble, est pourtant facile à résoudre : laisser la décomposition opérer son œuvre, et ne pas chercher à maintenir en Europe un empire qui doit disparaître.

Les insurrections successives des chrétiens montrent comment l'autorité musulmane s'exerce : 50,000 Crétois préfèrent l'exil à la domination turque, et il faut choisir entre l'expulsion des chrétiens placés sous le joug du sultan ou celui des musulmans.

Avons-nous un intérêt à retarder la chute de l'empire turc?

Aucun.

Rien de plus facile que la solution de la question d'Orient, où les diplomates ont perdu leur temps; c'est de livrer la Turquie à elle-même.

Point d'intervention!

Point de protection !

Il est temps que le démembrement de la Turquie soit un fait accompli, car à Constantinople les notions du droit sont inconnues, et des milliers de nos coréligionnaires doivent subir des lois contraires à leurs aspirations.

Et bientôt, sur la tombe de la Turquie, on pourra écrire : Morte de vieillesse !

VI

La France peut trouver un allié plein de force, disposant de ressources considérables, nous voulons parler de la Russie.

Si une alliance peut assurer le triomphe de nos idées, c'est l'alliance russe.

Il ne faut pas juger ce pays à travers nos préjugés. Le peuple moscovite est dans sa période de puberté ; avant peu il sera un des premiers de l'Europe.

Alexandre II est un empereur pénétré de la grandeur de sa mission ; rien ne l'arrête dans l'accomplissement de ses réformes, et si nous savons par une politique habile nous assurer son amitié, l'Orient sera bientôt lié à l'Occident.

Etrange contraste : voici un pays qui poursuit courageusement sa transformation, dont les progrès sont incessants, et chaque jour ne voyons-nous pas formuler par des hommes intelligents des critiques amères contre lui? Il y a ignorance et parti pris.

Au milieu des complications qui surgissent en Europe, la France peut trouver à Saint-Pétersbourg un appui réel ; laissons de côté les antipathies d'un autre temps, appuyons-nous sur ce pays qui est presque invincible, qui a un grand avenir devant lui et dont les éléments de force dépassent ceux de toutes les autres puissances.

La France et la Russie unies, c'est la question d'Orient résolue, c'est le repos de l'Europe assuré, car il suffira alors de la puissance morale pour vaincre toutes les difficultés.

Du reste, nul ne peut méconnaître la puissance qui résulterait de l'union de vues des cabinets de Saint-Pétersbourg et de Paris, et c'est cette puissance qu'on redoute.

VII

L'Autriche est gouvernée constitutionnellement ; elle marche à grands pas dans la constitution de son homogénéité. C'est par la liberté que François-Joseph a conquis l'affection des populations.

Il semble que les revers de ses armes

aient pour résultat d'assurer sur de larges bases l'avenir du peuple autrichien.

Rien de plus admirable que la reconstitution de l'empire d'Autriche ; les populations renaissent à la vie politique, leur génie se développe, et à Vienne il y a une unité de vues qui assure l'avenir de ces pays.

Les cabinets de Paris et de Vienne paraissent s'entendre, et l'entrevue de Salzbourg aura eu pour conséquence de resserrer les liens d'amitié qui unissaient les deux souverains.

Nous ne chercherons pas à deviner les résultats du voyage de Napoléon III en Autriche ; pourtant nous ne pensons pas que le projet prêté à la cour de Vienne d'attirer à elle les Etats du sud de l'Allemagne soit fondé.

La France ne pourrait suivre l'Autriche dans cette voie ; ce dernier pays doit porter tous ses efforts vers des réformes intérieures, continuer l'œuvre de régénération qu'elle a commencée et qui assurera sa force et sa prospérité.

VIII

La Belgique date de 1831 ; ce pays qui comprend cinq millions d'habitants a été souvent l'objet de convoitises d'écrivains belliqueux.

Le peuple belge tient à son indépendance, elle lui coûte assez cher pour qu'il ne cède pas ses prérogatives contre des illusions.

Depuis 1831, la Belgique est habituée à jouir de grandes libertés politiques; elle a ses mœurs, son génie, et tient avec raison à ne pas être absorbée par l'ambition d'un voisin.

Comme chez tous les peuples qui sont affranchis d'hier, les Belges sont fiers, ombrageux même de leur nationalité.

La force courberait peut-être la nation belge, mais ne la soumettrait pas. M. de Bismark n'en ferait pas plus des Allemands que Napoléon III des Français.

Du reste, il y a chez les Belges peu de sympathie pour la France, ses institutions et ses habitants ; ces sentiments se traduisent assez dans la presse et parmi la population.

Supposons la Belgique cinq fois plus forte ; les relations entre Bruxelles et Paris seraient peu amicales.

Dans les conditions actuelles, le Belge veut rester Belge ; c'est un droit qui lui est garanti par les traités, et nul ne peut lui faire un crime de ses susceptibilités de l'amour de son indépendance.

IX

La haine de l'Angleterre contre la France ne date pas d'hier ; elle a revêtu d'autres formes, mais n'en existe pas moins.

Aux prétentions de domination politique a succédé celle de domination industrielle et notre pays lui doit une crise

sans. précédent dans notre histoire
économique.

Politiquement parlant, l'alliance an-
glaise sera toujours funeste à la France
et jamais le cabinet de St-James ne
pardonnera à notre pays d'avoir pour
Chef le neveu du prisonnier de Sainte-
Hélène.

X

L'Espagne paraît vouloir reprendre
sa place parmi les nations civilisées; si
la liberté fait en partie défaut à ce
peuple, il y a progrès dans les institutions du gouvernement royal. De
l'autre côté des Pyrénées, le jour est
proche où une transformation complète
s'opérera.

XI

Deux mots du Portugal : il manque à
ce pays l'initiative qui fait accomplir les
grandes œuvres.

XII

Après cet examen, nous nous demandons pourquoi la France ferait la guerre ?

Ce ne serait pas pour rétablir en Europe les nationalités tombées. L'épée de la France a servi à défendre la cause des opprimés, mais elle ne peut se lancer dans cette politique qui armerait l'Europe entière contre nous.

Serait-ce pour mettre en pratique cette maxime : la paix par la guerre ?

Non.

Serait-ce pour rendre à la France ses frontières du Rhin, s'annexer la Belgique?

Alors Napoléon III inaugurerait une politique de conquêtes et trouverait sur son chemin l'Allemagne, la Russie, l'Angleterre.

De nos temps, les souverains ne disposent plus des peuples comme autrefois; il ne suffit pas de s'annexer par des victoires un pays, il faut encore le consentement des populations.

Nous rencontrerions sur les rives du Rhin et en Belgique une résistance énergique de la part des habitants. La force ne suffit pas, il faut avoir encore le droit.

Pourquoi la guerre ? demanderons-nous à ceux qui la conseillent à la France.

Les traités de 1815 tombent de vétusté; les peuples les briseront le jour où ils en trouveront le joug trop lourd.

La France ne fera pas la guerre; elle laissera aux autres nations ce moyen d'un autre temps de faire oublier au peuple ses souffrances.

Ni notre territoire, ni notre honneur ne sont menacés.

Pourquoi la Guerre?

10 octobre 1867.